大橘猫 · 著

U0584761

创意写作秘星

激发写作灵感的
888 条素材

中国友谊出版公司

图书在版编目（CIP）数据

创意写作救星：激发写作灵感的888条素材 / 大橘
猫著. -- 北京：中国友谊出版公司，2025. 4. -- ISBN
978-7-5057-6079-0

I. H15

中国国家版本馆CIP数据核字第2025B8M044号

书名	创意写作救星：激发写作灵感的 888 条素材
作者	大橘猫
出版	中国友谊出版公司
发行	中国友谊出版公司
经销	新华书店
印刷	天宇万达印刷有限公司
规格	670 毫米×950 毫米　16 开
	16 印张　52 千字
版次	2025 年 4 月第 1 版
印次	2025 年 4 月第 1 次印刷
书号	ISBN 978-7-5057-6079-0
定价	49.80 元
地址	北京市朝阳区西坝河南里 17 号楼
邮编	100028
电话	（010）64678009

前言

    写作不是一件容易的事情。为什么写，写什么，怎么写，是每个写作者都要面临的"哲学问题"。

    回答"为什么写"这个问题，我们要从本质上弄懂写作这件事。写作源于自我的表达欲，意味着在剖析自我及探索世界的过程中不断地认识自己和理解世界。剖析自我时，我们要真诚；探索世界时，我们要思考。直面人生，走出情感与思维的"舒适区"，这无疑是痛苦的，所以我们会感到困惑，迟迟不敢动笔。

    "写什么"涉及灵感问题。虽然我们明白万事万物都是素材，都可以写，但我们就是没有灵感。说到这里，可能你跟我一样，会想起那些笔尖长久停留在纸上、书写不顺畅的时刻。

    "怎么写"关乎写作的技巧及创新。每个写作者要塑造自我写作风格，必须坚持长期的写作训练和学习。

    弄懂以上问题后，你是不是豁然开朗、跃跃欲试了？别急，你还需要一块擦亮想法的"布"。在这本书里，有 888 个创意写作练习，相当于 888 块"布"。有关于认识自我的，比如"如果把你的一生拍成一部电影，你打算怎么拍"；有关于认识他人的，比如"至少说出你讨厌的人的一个优点"；有关于社会问题的，比如"假如你是律师，你认为有必要为十恶不赦的人辩护吗"；有关于想象的，比如"描述苹果腐烂的过程"……这些创意练习与现实联系紧密，可写性强，不仅能提供灵感，也能提供写作素材，让你在练习的过程中思考"为什么写""写什么""怎么写"等问题，从而帮助你跨越写作障碍，提高创作能力，体验写作乐趣。

无论出于个人原因还是工作需要而学习写作，我希望这本书能陪你勇闯写作之路的各个关卡，让你成为一名思想深刻、表述顺畅的写作者。

⇨请你描述做过的最美妙的梦。

⇨如果你生活在宋代，你将怎样度过一天？

⇨对于他人，你觉得用眼睛看得清楚，还是用心"看"得清楚？

⇨你好奇长廊尽头窗外的风景吗？透过那扇窗户，你觉得自己能看到什么？

1.

2.

3.

4.

5.

6.

7.

8.

9.

10.

11.

12.

13.

14.

15.

16.

17.

18.

19.

20.

888.

◎如果你是故宫博物院的讲解员，你会怎么给游客介绍故宫？

◎餐馆里吃饭的人很多，你只能跟讨厌的人拼桌，描述一下你当时的心理活动。

◎如果今天是 2099 年的最后一天，你会如何度过？

◎如果把你的一生拍成一部电影，你打算怎么拍？

◎如果置身于二维世界，你的生活将会是什么样的？

◎用一句话总结你的过去，并说明原因。

_____

_____

_____

_____

◎给 10 年前的你写一封信。

_____

_____

_____

3

1.
2.
3.
4.
5.
6.
7.
8.
9.
10.
11.
12.
13.
14.
15.
16.
17.
18.
19.
20.
888.

▶给 10 年后的你写一封信。

▶如果你是盲人，你的生活会是什么样子的？

▶如果你是哑巴，你的生活会是什么样子的？

▶如果你是聋人，你的生活会是什么样子的？

4

▶如果你失去了味觉，你的生活会

是什么样子的？

▶如果你失去了嗅觉，你的生活会

是什么样子的？

▶如果你失去了双手，你的生活会是什么样子的？

▶如果你失去了双腿，你的生活会是什么样子的？

5

◇如果你是一座山，你会怎么样？

◇如果你是一条河，你会怎么样？

◇如果你是一棵树，你会怎么样？

◇如果你是一只蝴蝶，你会怎么样？

◇如果你是月亮，你会怎么样？

◇如果你是太阳，你会怎么样？

◇哪部小说对你影响最深？说说里面让你印象最深的人物。

20.
21.
22.
23.
24.
25.
26.
27.
28.
29.
30.
31.
32.
33.
34.
35.
36.
37.
38.
39.
888.

●如果你是一名警察，有人发明了一种能预测犯罪事件的机器，你会根据机器的预测提前把犯罪嫌疑人抓起来吗？为什么？

●假如你的好朋友堕落了，你会怎么办？

●如果明天是世界末日，你会做什么？

● 以尽量少的字讲一则故事。

● 描述去年冬天你做得有意义的一件事。

● 至少说出你讨厌的人的一个优点。

● 如果你在非洲，你会怎样生活？

9

☆如果你在欧洲，你会怎样生活？

☆如果你在南美洲，你会怎样生活？

☆如果你是南极科考人员，你会怎样生活？

☆如果你捡到了阿拉丁的神灯，你会用它许下什么愿望？

☆比较吴刚伐桂神话与西西弗斯神话的异同，思考人生的意义是什么。

☆假如你是亿万富翁，你会怎么立遗嘱？

☆为自己写墓志铭。

☆假如你一夜之间苍老了20岁，你会怎么样？

⇨如果你是一位充满智慧的老者，你将如何为迷茫的年轻人指引方向？

⇨给自己写一封情书。

⇨你愿意做一个头脑简单的莽夫，还是做一个有智慧的哲学家？

⇨写出你最喜欢的一首歌，并说明原因。

⇨假如你获得了一颗长生不老药，你会吃吗？

⇨假如你是一位将军，你会如何管理士兵？

⇨你认为死后的世界是什么样子的？

⇨你认为人死之后会有灵魂存在吗？

◎哪句歌词令你难忘？

◎说说你至今还没被揭穿的谎言。

◎给自己取个新名字，并说明理由。

◎谈谈你的网名。

◎你更喜欢素颜拍照还是美颜拍照？为什么？

◎谈谈你的购物观。

_____

_____

_____

_____

◎谈谈你的金钱观。

_____

_____

_____

50.
51.
52.
53.
54.
55.
56.
57
58.
59.
60.
61.
62.
63.
64.
65.
66.
67.
68.
79.
888.

▶谈谈你的世界观。

▶聊聊你的服饰搭配心得。

▶聊聊你的美食清单。

▶你最想去哪个城市定居？
为什么？

▶吐槽一下自己。

▶说说你理想中的房子是什么样的。

▶给父母出一份试卷，并说明理由。

▶假如你是一个乞丐，某天醒来，你发现自己与一个亿万富豪交换了人生，你会怎么做？

17

◇一觉醒来，发现自己改变了性别，你该如何应对？

◇假如青春可以售卖，你会售卖吗？为什么？

◇说说你认为吃过的最难吃的食物和最美味的食物。

◇你最喜欢的动物是什么？

◇你是悲观主义者还是乐观主义者？

◇聊聊妈妈。　　　　　　　◇聊聊爸爸。

◇聊聊朋友。

65.
66.
67.
68.
69.
70.
71.
72.
73.
74.
75.
76.
77.
78.
79.
80.
81.
82.
83.
84.
888.

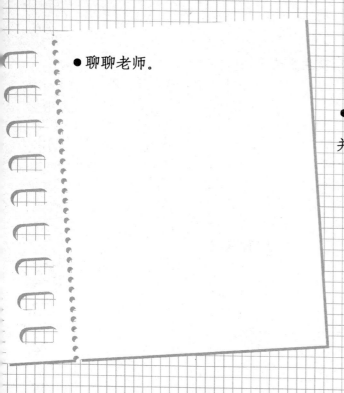

● 聊聊老师。

● 列一下你的人生清单，并展开说说。

● 你想获得什么超能力？为什么？

● 记录一天的心路历程。

●谈谈你对英雄的理解。

●假如你是一只鸟，你会有什么样的经历？

●向朋友推介一本书。

●假如你和父母交换了身份，你会怎么教育他们？

65.
66.
67.
68.
69.
70.
71.
72.
73.
74.
75.
76.
77.
78.
79.
80.
81.
82.
83.
84.
888.

☆为临期食品写一则
推介语。

☆谈谈你童年时期最喜欢的一部动
画片。

☆聊聊你的外号。

☆如果你家发生了火灾，你觉得最
可能因为什么？

☆谈谈你对自由的理解。

☆如果有一天你发现自己是某个游戏里的 NPC（non-player character 的缩写，即非玩家角色，指电子游戏中不受真人玩家操控的游戏角色），你会怎么做？

☆某个夜晚，彗星降临扰乱了磁场，你竟然穿越到平行时空，你认为会发生什么事？

81.
82.
83.
84.
85.
86.
87.
88.
89.
90.
91.
92.
93.
94.
95.
96.
97.
98.
99.
100.
888.

⇨聊聊你认为人类最有用的三个发明。

⇨你喜欢贾宝玉吗？为什么？

⇨你喜欢林黛玉吗？为什么？

⇨你认为宇宙中存在另一个适合人类生存的星球吗？

⇨描述你心中的外星人形象。

⇨如果你是一只猫，你对人类世界有什么看法？

⇨假如你会隐身术，但只能隐身一天，你会利用它做什么？

⇨在未来世界，医学极度发达，人的器官可以随意更换，你愿意把自己改造成仿生人吗？如果愿意，你打算怎么改造？

81.
82.
83.
84.
85.
86.
87.
88.
89.
90.
91.
92.
93.
94.
95.
96.
97.
98.
99.
100.
888.

◎机器人有意识后，你认为它们会怎么对待人类？

◎一个人坏到极致是什么样的？

◎你会爱上像雷锋一样的人吗？为什么？

◎回到过去，你最想改变哪一段历史？

◎吐槽一部烂片。

◎为某个演技不好的演员写一段"最差演员奖"颁奖词。

◎你是一名教师，谈谈你对中学生谈恋爱的看法。

◎聊聊你对雪的感觉。

27

96.

97.

98.

99.

100.

101.

102.

103.

104.

105.

106.

107.

108.

109.

110.

111.

112.

113.

114.

115.

888.

▶聊聊你对雨的感觉。

▶聊聊你对风的感觉。

▶聊聊你对阳光的感觉。

▶聊聊你对雷电的感觉。

▶ 如何向先天性失明的人描述色彩？

▶ 如何向先天性耳聋的人描述声音？

▶ 写一个罗生门式
的故事。

▶ 如果你含冤入狱，你该怎么办？

96.

97.

98.

99.

100.

101.

102.

103.

104.

105.

106.

107.

108.

109.

110.

111.

112.

113.

114.

115.

888.

◇说说你做过的最勇敢的一件事。

◇聊聊你的理想人生。

◇你认为自己是个什么样的人？

◇谈谈你的恐惧。

◇你会因为什么删除或拉黑网友？

◇你痛恨键盘侠吗？为什么？

◇假如你有复活人的超能力，你最想复活谁？为什么？

◇如果可以实现购物自由，你最想买什么？

112.

113.

114.

115.

116.

117.

118.

119.

120.

121.

122.

123.

124.

125.

126.

127.

128.

129.

130.

131.

888.

● 你被校园霸凌过吗？如果有，你是怎么面对的？

● 聊聊你最近一次因为什么而哭泣。

● 谈谈你使用时间最长的一件物品。

● 请给前往某个无人岛荒野求生的朋友写一份指南。

●谈谈你所熟知的地名故事。

●如果你是一名宇航员，你会怎么描述失重状态？

●你当过志愿者吗？谈谈你的经历。如果没有，想一下志愿者可以做些什么。

●聊聊你最喜欢的综艺节目。

☆假如你是流浪者，
你会如何生活？

☆有一天，你发现从出生以来，
自己就生活在一场以《真人秀
人生》为名的真人秀节目里，
你会怎么办？

☆你有偶像包袱吗？

☆在生活中，你是谁的偶像？

☆你有英雄情结吗？

☆描述苹果腐烂的过程。

☆你认为孤独和寂寞的区别是什么？

☆聊聊一次难忘的生病经历。

127.

128.

129.

130.

131.

132.

133.

134.

135.

136.

137.

138.

139.

140.

141.

142.

143.

144.

145.

146.

888.

➪给余华写一封信。

➪模仿苏轼发一条朋友圈消息。

➪ 100 年后，你认为人们还用手机吗？为什么？

➪说说你收到的一份特别的礼物。

⇨如果你被困在同一天，你会如何打破时间循环？

⇨哪些事情会让你恐慌？为什么？

⇨聊聊你第一次吵架或打架的经历。

⇨谈谈愤怒。

37

◎谈谈开心。

◎谈谈郁闷。

◎谈谈悲伤。

◎谈谈信仰。

◎一个感性的人跟一个理性的人成为朋友，你觉得他们会怎样相处？

◎如果未来可以预知，你最想知道什么？

◎你觉得敏感好，还是钝感好？

_____

_____

_____

_____

◎关于爱情，你有什么看法？

_____

_____

_____

▶聊聊你身边的好友。

▶为你的每一根手指取名字。

▶说说你的遗憾。

▶如果你是一个许愿池，你觉得自己会听到哪些愿望？

40

▶你第一次送花是给谁，在什么时候？

▶你最无法忍受什么声音？

▶你最无法忍受什么
气味？

▶描写一次日落。

41

142.
143.
144.
145.
146.
147.
148.
149.
150.
151.
152.
153.
154.
155.
156.
157.
158.
159.
160.
161.
888.

◇用一个词形容昨天，并说明原因。

◇你见过哪些奇葩的广告语？谈谈你的看法。

◇如果有一天你被网暴，你会怎么应对？

◇你会跟仿生人交朋友吗？

◇你会网恋吗？

◇你认为什么是幸福？

◇假如没有哲学家，你觉得世界会变成什么样？

◇假如没有科学家，你觉得世界会变成什么样？

160.
161.
162.
163.
164.
165.
166.
167.
168.
169.
170.
171.
172.
173.
174.
175.
176.
177.
178.
179.
888.

● 假如你被误诊为精神病人，并被强制送进精神病医院接受治疗，你如何自救？

● 你觉得父母已经完全"长大"了吗？为什么？

● 你同意"男人至死是少年"的说法吗？为什么？

● 你同意"每个女人心里都住着一个小女孩"的说法吗？为什么？

● 你认为何为丑，何为美？

● 描述你常见的人。

● 你的公司因经营不善面临破产，目前只有两种解决方案：其一，全体员工整体降薪30%；其二，裁员30%。你会选择哪种方案？为什么？

☆什么情况下你会离家出走？聊聊你的想法和经历。

☆如何与你讨厌的人交往？

☆用一种气味形容你今天的心情，并说明原因。

☆用一种声音形容你今天的心情，并说明原因。

46

☆谈谈你常喝的饮料。

☆你觉得西藏像天堂吗？为什么？

☆谈谈影子与镜子。

⇨在什么场景中你最容易陷入沉思？

⇨你的人生信条是什么？

⇨聊聊你交过的"智商税"。

⇨如果高智商与高情商只能选择一种，你会选择高智商
还是高情商？说明理由。

⇨如果突然失忆，忘了自己是谁，你将如何找回自己？

⇨一个生来就是老人的人和一个永远不会长大的人，你觉得哪个更好？

⇨魔鬼想用金钱购买你的灵魂，你会卖给他吗？

⇨聊聊你吃过的一款甜品。

49

◎你被刀子划伤了，请描述疼痛感。

◎ "我不知道我喜欢什么，我只知道我不喜欢什么"，你认为说这句话的人是什么样的？

◎你认为 "我知道我知道" 与 "我知道我不知道" 哪个更重要？

◎描述你做过的不愿醒来的梦。

◎如果食物国发生战争，你认为会是什么样子的？

◎谈谈你做过的不道德的事。

_____

_____

_____

_____

◎描写废墟。

_____

_____

_____

▶用一个词形容喜欢一个人的感觉，并说明理由。

▶你在什么时候会感到孤独？

▶谈谈生活中那些令你怀旧的人、事、物。

▶如果你能让其他人的时间静止，你会做什么？

▶你最想拥有什么样的机器人伙伴，为什么？

▶如果你会读心术，你会做什么？

▶假如你正在慢慢变成一种动物，试着描述整个过程。

◇你觉得未来还有人读纸质书吗？

◇聊聊你常摆的拍照姿势。

◇你认为AI写作会取代传统写作吗？

◇你认为作家或者艺术家最重要的品质是什么？

◇谈谈你收藏的物件。

_____

_____

_____

_____

◇如果你能分裂成两个独立个体，他们会是什么样子的？

_____

_____

_____

_____

◇你喜欢大海吗？为什么？

201.
202.
203.
204.
205.
206.
207.
208.
209.
210.
211.
212.
213.
214.
215.
216.
217.
218.
219.
220.
888.

● 假如你是一只羊，你怎样描述青草的味道？

● 聊聊你的家乡特产。

● 一位老哲学家把他的一生概括为 "第一阶段，我是我；第二阶段，我不是我；第三阶段，我还是我"，你怎么理解这句话？

● 对于女性上厕所排长队的问题，你有什么建议？

● 你如何理解"最牢固的监狱是思想"？

● 电影《搏击俱乐部》里的主人公泰勒·德顿说："你想做煎蛋卷，就得打碎鸡蛋。"你怎么看？

201.
202.
203.
204.
205.
206.
207.
208.
209.
210.
211.
212.
213.
214.
215.
216.
217.
218.
219.
220.
888.

☆你认为世界上存在绝对的公平吗？

☆分别用一种味道或者气味形容星期一至星期五。

☆聊聊你的性格。

☆假如你是一只没有脚的鸟，你的生活会是什么样的？

☆写下最近令你感触最深的一句话。

☆将你上个月的生活经历编辑成一份报纸。

☆如果能重生，你还愿意成为现在的你吗？

☆你认为杀人犯在犯罪时最有可能想什么？

214.

215

216.

217.

218.

219.

220.

221.

222.

223.

224.

225.

226.

227.

228.

229.

230.

231.

232.

233.

888.

⇨聊聊你小时候的梦想。

⇨说说你在出租车、地铁或者公交车上听过的印象最深刻的故事。

⇨假如你被人跟踪了，你会怎么办？当时你的心理活动会是什么样的？

➡️你认为什么是浪漫？

➡️你认为什么是激情？

➡️你怎么看待消费主义？

➡️如果你是世界上最聪明的人，你会怎么样？

◎你认为什么是自律？

◎你认为世界上有圣人好还是没有圣人好？

◎如果你是住在城市里的野人，你的生活会是什么样的？

◎假如你是城市规划师，你会如何规划理想中的城市？

◎假如你得了癌症，你会接受化疗吗？

◎巧克力的味道让你想到了什么？

◎假如你生活在一个每天只有 6 小时的小星球，你如何度过一天？

_____

_____

_____

_____

_____

_____

63

▶如果你是古代的宫女，你会如何度过一生？

▶谈谈你遇到过的最荒诞的事情。

▶你觉得什么是真实？

▶你觉得1分钟内会发生什么？

▶一朵玫瑰花决定枯萎，请你告诉它活下去的理由。

▶假如你是考古专家，请描述你的一天。

▶聊聊你的社交状态。

▶如果你的影子活了，会发生什么事呢？

◇聊聊你曾被偷的东西。

◇说说你多年不见的朋友或者同学、亲人。

◇描写一个场景，对话部分只能用语气词
"啊""呀""嗯"等。

◇你最想送给朋友的礼物是什么？为什么？

◇用第二人称描述你的行为习惯。

◇有没有一件物品是你十分渴望拥有，但得到后却觉得索然无味的？

◇描述一件现在没有而未来可能问世的电子产品。

◇描述抱着一棵树的感受。

●写一个发生在 20 世纪 90 年代的故事，以送信为故事主线。

●面对反目成仇的朋友，你会怎么做？

●你有过一整天都沉默不语的经历吗？如果有，感受如何？

●你和讨厌的人被困在电梯里，会发生什么？

●谈谈你生活中失而复得的东西。

●别人说过的最让你伤心的话是什么？

●你说过哪些伤人的话？

●聊聊你参加过的最有意义的纪念活动。

☆描述一场火灾发生的整个过程。

☆如果你是熊猫饲养员，你如何安排一天的工作？

☆你觉得坐在警车上会是什么感觉？

☆假如昨天的你给今天的你打了一个电话，那么你们会说什么呢？

☆用一首流行歌曲概括你去年的经历，并说明理由。

☆你做过最后悔的事情是什么？

☆想象一下，第一个吃辣椒的人有什么感想？

☆如果你有机会参观宇宙空间站，你想做些什么？

⇨写一首充满芥末味的诗。

⇨假如你是一座冰雕，正在太阳下慢慢融化，请描述你的感受。

⇨假如你是一名宇航员，不小心流落太空，预测一下后果，并谈谈心理变化。

⇨描写一次成功。

➩描写一次失败。

➩如果你的时间总比别人延迟1分钟，将会
发生什么？

➩你是否直面过死亡？

➩谈谈你曾经写过的一部小说或者任何个人
化的作品。

◎以"我不知道"开头，写一个故事。

◎你认为玩电子游戏是一种浪费时间的行为吗？为什么？

◎写一个故事，将自己设定为反派角色。

◎意识到自己已经长大的那一刻，你在想些什么？

◎请预测明天可能发生的事。

◎描写一处你不曾到过的神秘之地（例如海底）。

◎假如你是一个逗号，你想对人们说什么？

_____

_____

_____

_____

◎说说你喝过的味道不错的汤。

_____

_____

_____

▶谈谈你最喜欢的一项运动。

▶你认为努力与选择哪一个更重要？

▶假如你乘坐的热气球被风吹走了，该如何自救呢？

▶假如你是热带雨林里的动物，请给沙漠里的动物写封信。

▶聊聊最近一次尴尬的经历。

▶等待是一种什么样的感受？

▶你有洁癖吗？你如何看待"卫生洁癖"与"精神洁癖"？

▶如果你是明星，你会给自己打造什么样的人设？

◇描述你的肢体语言。

◇此时此刻，你最想与谁共进晚餐？

◇为父母安排明天的行程。

◇写下你的职业规划。

◇说说你卧室里最常见的三样物品。

_____

_____

_____

◇你是第一批登陆火星的宇航员之一，你与队友的任务是在火星上建立基地，请描述建立过程。

_____

_____

_____

_____

◇你最珍爱的玩具是什么？

_____

_____

_____

_____

◇你还在使用存钱罐存钱吗？

_____

_____

295.
296.
297.
298.
299.
300.
301.
302.
303.
304.
305.
306.
307.
308.
309.
310.
311.
312.
313.
314.
888.

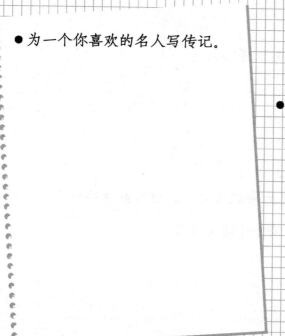

● 为一个你喜欢的名人写传记。

● 聊聊你的坏习惯。

● 如果你是一片叶子，你会如何看待所生长的树？

● 聊聊那些只与你打过照面却令你印象深刻的人。

●你流浪到一个小山村，天快黑了，你如何借宿呢？

●谈谈你听过的流言蜚语。

●夜深了，你的窗户会想什么呢？

81

☆假如你现在去读一年级，你会怎么样？

☆你觉得吃自助餐能吃回本吗？

☆你喜欢吃哪些"垃圾"食品？谈谈你对吃"垃圾"食品的看法。

☆如果你的室友是强迫症患者，你会怎么样？

☆分享一下你的生活经验。

☆谈谈你嫉妒的人和嫉妒你的人。

☆如果你有机会与李白对话，你会说些什么？

☆说说让你愧疚的事情。

⇨在异国他乡迷路，你会怎么办？

⇨聊聊你曾放弃的一件事情。

⇨描述一幅你喜欢的书画作品。

⇨父母经常叮嘱你的事情是什么？

⇨什么诱惑最让你无法抗拒？

⇨明年今日，你会做什么？

⇨你每天醒来做的第一件事是什么？

⇨说说与你分道扬镳的老朋友。

309.
310.
311.
312.
313.
314.
315.
316.
317.
318.
319.
320.
321.
322.
323.
324.
325.
326.
327.
328.
888.

◎聊聊美食与生活。

◎聊聊旅行与生活。

◎聊聊文学与生活。

◎聊聊音乐与生活。

◎聊聊电影与生活。

◎聊聊绘画与生活。

◎选一张照片，写一个故事。

_____

_____

_____

_____

◎谈谈目前对你影响最大的事情。

_____

_____

_____

▶聊聊一次意外的来访。

▶谈谈令你最开心的聚会。

▶说说你想扔却没有扔的物品。

▶你认为刷短视频对人有什么影响？

▶ 你认为做事情应该追求结果还是追求价值？

▶ 聊聊你与朋友私下谈论的话题。

▶ 你怎么安排周末的
生活？

▶ 你想深入探索的事情是什么？

◇如果父母准备离婚，你会怎么办？

◇你想整容吗？为什么？

◇假如你去银行取钱，碰巧遇到劫匪抢劫。事后，你到警察局录口供，你会如何描述案件的发生过程？

◇你最喜欢什么树？

◇如果遇到外星人，你会怎么办？

◇你与父母有哪些相似之处？

340.
341.
342.
343.
344.
345.
346.
347.
348.
349.
350.
351.
352.
353.
354.
355.
356.
357.
358.
359.
888.

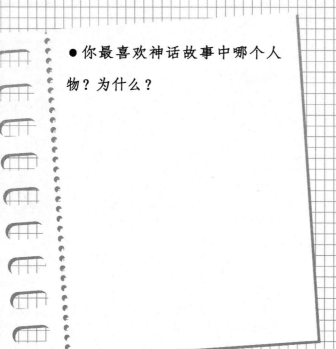

●你最喜欢神话故事中哪个人物？为什么？

●写一封求职信。

●写一封表扬信。

●你最近一次大笑是因为什么？

● 你最不想做的事情是什么？

● 你最喜欢《西游记》中的哪个妖怪？为什么？

● 说一件父母一直瞒着你但你知道的事情。

● 描述你认为狗最可能做的梦。

☆以小孩子的视角描述大人的世界。

☆聊聊你的牛仔裤。

☆谈谈第一次去动物园的经历和感受。

☆谈谈第一次去游乐园的经历和感受。

☆你生病痊愈后最想做什么？

☆你认为应该如何爱一个人？

☆给自己不喜欢的人写一封信。

☆聊聊你见过的"怪"女孩。

356.
357.
358.
359.
360.
361.
362.
363.
364.
365.
366.
367.
368.
369.
370.
371.
372.
373.
374.
375.
888.

⇨聊聊你见过的"怪"男孩。

⇨聊聊长辈对你讲过的一个故事。

⇨飞机遭遇强气流，即将坠毁，假如你是机长，你会对乘客说什么？

⇨假如你是刚工作的教师，第一次上课你会怎么介绍自己？

➪你认为 "何为人"？

➪你的床底掉落过哪些东西？

➪你认为生活中哪些技能是必不可少的？

➪写一个让人哭的喜剧。

◎假如你是律师，你认为有必要为十恶不赦的人辩护吗？

◎为你成年的哥哥或姐姐写一则征婚启事。

◎随便找几个词，用它们写一个故事。

◎如果你有一个当明星的朋友，你如何跟他相处？

◎晚上8点与凌晨1点的夜晚有什么不同？

◎假如你是一只蚂蚁，你的一生会是怎样的？

◎你怎么看待"躺平式人生"？

_____

_____

_____

◎谈谈你想控诉的人或事。

_____

_____

_____

▶如果你是一个笔记本，你最希望主人记下什么？

▶描述迄今为止令你印象最深刻的手。

▶描述迄今为止令你印象最深刻的脸。

▶描述迄今为止令你印象最深刻的眼睛。

▶说一个令你难忘的冷笑话。

▶聊聊生活中对你影响最深的人。

▶你有过逃单行为吗？你怎么看待这种行为？

▶你如何鼓励一个怕黑的男孩走夜路？

101

◇聊聊你父母的梦想。

◇谈谈你对待朋友的错误方式。

◇描述奶茶店里的一处场景。

◇给陌生人写一封信，用漂流瓶投递。

◇如果你是一只钟表，你将如何度过一天？

◇与他人相处，你最看重什么？

◇1元钱能买到什么东西？

◇吐槽一下你的朋友。

387.
388.
389.
390.
391.
392.
393.
394.
395.
396.
397.
398.
399.
400.
401.
402.
403.
404.
405.
406.
888.

●你不小心弄丢了新买的手机，赶紧打电话过去，陌生人接通你的电话后表示不想归还，你怎么劝说其归还？

●记述一次玩密室逃脱的经历。

●记述一次玩狼人杀的经历。

●记述一次玩剧本杀的经历。

● 你觉得想当一名合格的医生，要克服哪些困难？

● 你觉得想当一名合格的律师，要克服哪些困难？

● 记录陪在你身边的人如何度过一整天。

● 记录一棵树一周的形态。

☆营销自己。

☆写一首关于"手"的诗。

☆为一部电影写一篇影评。

☆为一首歌或一支曲子写一篇乐评。

☆为一本书写一篇书评。

☆谈谈你的邂逅经历。

☆你的抽屉里都有什么？

☆对方正在说谎，你如何揭穿他的谎言？

➡️改编一个童话故事。

➡️你认为在残酷战争中幸存的士兵内心最大的创伤是什么？

➡️谈谈你接到过的最离谱的推销电话。

⇨如果地球停电 1 小时，将会怎样？

⇨描述一处你不喜欢的地方。

⇨你最喜欢《西游记》中的哪位神仙？
为什么？

◎谈谈你最奇妙的购物经历。

◎《时代》杂志将你评为"年度人物"，你觉得最有可能是因为什么？

◎如果你是中学校长，你如何看待学生将手机带到学校的问题？

◎假如你是中学校长，你怎么看待学校食品安全问题？

◎如果第三次世界大战爆发，你认为会是什么原因引起的？请说出理由。

◎你如何看待女性主义？

_____

_____

_____

_____

◎你如何看待日本将福岛核电站泄漏的核废水排入太平洋？

_____

_____

_____

418.
419.
420.
421.
422.
423.
424.
425.
426.
427.
428.
429.
430.
431.
432.
433.
434.
435.
436.
437.
888.

▶对于延迟退休政策，你怎么看待？

▶对你来说，房子意味着什么？

▶你认为现代人有商品属性吗？

▶你认为现代人有工具属性吗？

▶你觉得命运是什么？人是否应该正视命运？

▶你讨厌妈宝男（女）吗？为什么？

▶你有一件破烂不堪的衣服，妈妈让你丢弃，你却舍不得，你该如何说服她允许你把衣服保留下来？

◇你喜欢玩网络游戏吗？说说感受。

◇有人说你脸上的一颗痣会让你遭受厄运，你会去除它吗？

◇如果父母吵架了，你会怎么办？

◇你觉得从业多年的心理医生会患上抑郁症吗？说明
原因。

◇谈谈你对"周庄梦蝶"的看法。

◇彗星降临时，你与异性交换了身体。以此为线索写一部短篇小说。

◇将你 1~10 岁的记忆裁剪下来，与妈妈 1~10 岁的记忆交换，以此为线索。写一部短篇小说。

● 聊聊富翁形象。

● 聊聊艺术家形象。

● 你认为家用的瓷碗 500 年后会变成古董吗？

● 假设你是一名入殓师，写写你的一天。

●为你喜欢的一部影视作品写一段推荐语。

●描述一下你升学或毕业时的感受。

●如果你是树洞，你觉得人们会扔什么进去？

437.

438.

439.

440.

441.

442.

443.

444.

445.

446.

447.

448.

449.

450.

451.

452.

453.

454.

455.

456.

888.

☆聊聊生活中的小确幸。

☆记录与你同乘某一路公交车的乘客的表情变化。

☆如果人生可以随意剪辑,你将如何剪辑?

☆挑选一部你觉得糟糕的电影,并试着改编。

☆如果记忆可以删除，你最想删除哪一段？

☆有一位评论家说："文学要为艺术而艺术。"你怎么看？

☆写出一首诗与活成一首诗，你觉得哪个更重要？

☆你开了一家书店，最想卖哪些书？

437.

438.

439.

440.

441.

442.

443.

444.

445.

446.

447.

448.

449.

450.

451.

452.

453.

454.

455.

456.

888.

⇨为一个死去的人写墓志铭。

⇨假如你是个环卫工，请描述你的一天。

⇨聊聊最让你"意难平"的事。

⇨你想开一个什么样的民宿？

➪谈谈你想成立的俱乐部。

➪谈谈你经历过的一个道德困境。

➪你觉得地球上会出现新物种吗？为什么？

➪谈谈你的网友。

454.

455.

456.

457.

458.

459.

460.

461.

462.

463.

464.

465.

466.

467.

468.

469.

470.

471.

472.

473.

888.

◎聊聊老师的眼泪。

◎聊聊妈妈的眼泪。

◎聊聊爸爸的眼泪。

◎谈谈你目前为止最喜欢的一双鞋子。

◎如果你是牙医，要为一名6岁的孩子治疗蛀牙，你会怎么跟他解释？

◎回忆你目前为止最美好的假日时光。

_____

_____

_____

◎如果你是一张废纸，你会有怎样的经历？

_____

_____

_____

▶在树林中，你能感受到
什么？

▶你最迷信什么？

▶谈谈动物给你的启迪。

▶谈谈植物给你的启迪。

▶你有逃学的经历吗？如果有，讲述一下。

▶你怎么理解"生活在别处"？

▶你怎么看待"无聊"？

▶上课或上班打瞌睡是什么感受？

467.
468.
469.
470.
471.
472.
473.
474.
475.
476.
477.
478.
479.
480.
481.
482.
483.
484.
485.
486.
888.

◇上课或上班偷看小说是什么感受?

◇如何理解"生命不能承受之轻"这句话?

◇谈谈你跟朋友常去的地方。

◇聊聊你背着父母做过的事情。

◇说说你做过的最可怕的梦。

◇你认为人类正在犯的错误有哪些？

◇谈谈隐私。

◇接着写过去某个未写完的小说。

467.

468.

469.

470.

471.

472.

473.

474.

475.

476.

477.

478.

479.

480.

481.

482.

483.

484.

485.

486.

888.

● 假如你是死神，你会怎样度过
一天？

● 聊聊你家的厨房。

● 谈谈你用过的笔。

● 风的形状与水的形状有哪些异同?

● 飞机坠落在一个荒岛，只有你一个人存活，你将如何

度过第一周?

● 聊聊皮肤过敏。

482.
483.
484.
485.
486.
487.
488.
489.
490.
491.
492.
493.
494.
495.
496.
497.
498.
499.
500.
501.
888.

☆你有密集恐惧症吗？

☆聊聊为你哭过的人。

☆说说你都为谁哭过。

☆谈谈让你觉得骄傲的人或事。

☆ 以"当时不觉得有什么……"为开头，写一个故事。

☆ 你坐过过山车吗？如果坐过，你有什么感受？

☆ 有没有那么一个时刻，你觉得自己好像经历过眼前的场景？如果有详细描述出来。

☆ 写一个关于夜班公交车司机的故事。

⇨何谓真实？论述一下。

⇨聊聊你的小区或者家乡。

⇨为中式餐馆写一份菜单，包括菜名、口味、原料等内容。

⇨你愿意一辈子生活在桃花源吗？为什么？

⇨你曾经坚信但错误的事情是什么？

⇨庄子与惠子游于濠梁之上。庄子曰："儵鱼出游从容，是鱼之乐也。"惠子曰："子非鱼，安知鱼之乐?"庄子曰："子非我，安知我不知鱼之乐?"惠子曰："我非子，固不知子矣；子固非鱼也，子之不知鱼之乐，全矣。"庄子曰："请循其本。子曰'汝安知鱼乐'云者，既已知吾知之而问我。我知之濠上也。"

—— 《庄子 · 秋水》

如果你是那条鱼，听了庄子与惠子的辩论，你会说什么？

495.
496.
497.
498.
499.
500.
501.
502.
503.
504.
505.
506.
507.
508.
509.
510.
511.
512.
513.
514.
888.

◎假设你是美人鱼，请描述你的一天。

◎你读过余华的《活着》吗？你认为家珍有哪些心里话没对富贵说？

◎谈谈你今天出门遇到的第一个人。

◎你觉得自律的人是怎样生活的？

◎你读过莫言的作品吗？哪个角色让你印象最深刻？

◎如果能重生，你想成为什么样的人？

_____

_____

_____

◎你认为思想有颜色吗？如果有，你的思想是什么颜色呢？
为什么？

_____

_____

495.
496.
497.
498.
499.
500.
501.
502.
503.
504.
505.
506.
507.
508.
509.
510.
511.
512.
513.
514.
888.

▶你读过林海音的《城南旧事》吗？试着以妈妈的角度讲这个故事。

▶以日本天皇的名义给中国人民写一封道歉信。

▶如果有人给你 10 亿元，让你在 1 个月内花光，你将怎么花？

▶你怎么看待涂鸦？

▶如果你是溥仪，你想做什么？

▶你如何理解"科学的尽头是神学"？

▶人类在不断进化，你觉得未来的人最有可能进化成什么样子？写一篇小说。

137

◇如果这个世界只剩下你认为难吃的食物，你会怎么办？

◇ "每晚午夜12点，门外都会响起敲门声……"，请以此为开头写一个故事。

◇你最想去什么地方探险？为什么？

◇说说你讨厌的玩具。

◇如果你是"解忧杂货店"的老板，你认为哪款"解忧产品"最好卖？

◇聊聊搬家。

◇你心中的英雄是谁？聊聊他的故事。

512.
513.
514.
515.
516.
517.
518.
519.
520.
521.
522.
523.
524.
525.
526.
527.
528.
529.
530.
531.
888.

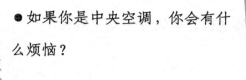

● 如果你是中央空调，你会有什么烦恼？

● 谈谈你对彩票的看法。

● 谈谈你被最信任的人背叛的经历。

● 聊聊你见到过的单亲妈妈或单亲爸爸。

●说说你生活中的胖子。

●说说你生活中的瘦子。

●你最怕生什么病？为什么？

●假如你有意识但身体不能动，你会想什么？

☆你被人监视了……
请以此为线索写一个
故事。

☆描写一座寺院。

☆你是画家，但你失
明了……请以此为线
索写一个故事。

☆你已经死了,却不知道自己……
请以此为线索写一个故事。

☆有人以你的名义借了 100 万元……请以此为线索写一个故事。

☆一觉醒来后，每个人都说你要死了……请以此为线索写一个故事。

☆你因脑部受伤而失去了对爱的感知……请以此为线索写一个故事。

⇨描述一种植物。

⇨如果有一天你变成了自己曾经讨厌的样子，你觉得
最有可能是什么原因？

⇨讲述伤疤的故事（身体上或情感上的均可）。

⇨神童突然间变得平庸，会发生什么？写一篇短篇小说。

⇨贫穷的孩子获得了一笔意外的财富，会发生什么？写一篇短篇小说。

⇨假如你是外星人，有一天你收到了来自地球的音频信号（一首摇滚歌曲），你会有什么反应？写一篇短篇小说。

◎设想一下，此刻离你最近的人在想什么？

◎有一天，你的影子离开了你，附着到墙上。请以此为线索写一个故事。

◎描述你在警察眼中的样子，以此判断你的行为是否违法。

◎ 500 年后，时光机已经问世，但技术不很成熟，时光旅行只能有去无回。因为是单程旅行，富人便不断派遣"时间奴隶"去执行某些任务，以确保自己永远富裕。你父母都是富人非法获得的"时间奴隶"，生下你后，他们便被派遣到过去执行任务。你从小接受着富人安排的军事化训练，直到有一天，竟然发现安装在自己身体里的监视芯片不起作用了。你将如何改变未来，使自己免于被当作"时间奴隶"？请以此为线索写一篇短篇小说。

▶你去过失恋博物馆吗？
你有什么感受？

▶以字母"a"押韵，写一
首诗。

▶如果你是手机，你会对
主人说些什么？

▶一觉醒来，你发现皮肤上长
满了羊毛，你会有什么反应？

▶你和一群人被困在电梯里……请以此为线索
写一个故事。

▶以"乘热气球环游世界的 90 天"
为题，写一篇短篇小说。

▶对于"装睡的人"，你怎么看？

◇你是某部电影的编剧，导演让你挑选一支曲子用作电影里某个场景的配乐，你会怎么挑选？所配的电影场景又是怎样的？

◇尝试写一首歌词。

◇你觉得两个人对同一件事的记忆会完全一样吗？请以此为线索写一个故事。

◇记述一次你失望的时刻。

◇假如你在沙漠里生活一周，会经历什么？

◇假如你在热带雨林里生活一周，会经历什么？

●随意挑选一个词语，并以此为
主题写一个故事。

●面对一成不变的生活，
你渴望改变吗？

●一对情侣在咖啡馆中吵架，假如你是服务员，你会怎么做？

●记述一次故地重游的经历。

●你最想成为哪幅画中的人物？为什么？

●如果你来到巨人国……

●如果你来到小人国……

☆谈谈某个让你伤心
的地方。

☆假如你有人格分裂症，你的身
体里住着 12 种人格，请以此为
线索写一篇小说。

☆谈谈某个让你感到
温暖的地方。

☆描述一种令你印象深刻的气味。

☆你正在十字路口等红灯,旁边有个人大摇大摆地闯红灯,绿灯方向的汽车疾驰而过,好几次都差点儿撞到他。写下你当时的心理活动。

☆你是否有不会原谅的人?为什么?

☆你觉得冬天的太阳与夏天的太阳有什么不同?

571.
572.
573.
574.
575.
576.
577.
578.
579.
580.
581.
582.
583.
584.
585.
586.
587.
588.
589.
590.
888.

⇨谈谈你与秋千的故事。

⇨记述一个你听到的印象深刻的故事。

⇨有一个人接受了一项挑战：只要在一个封闭的玻璃屋内连续生活 50 天，就可以获得 50 万元的现金奖励。你觉得他会成功吗？为什么？

⇨根据以下线索写一个故事：同一个地点、三个不同的时间点，以及三个不同的人。

⇨一个高三的学生不想考大学，他将如何获得父母的支持？

⇨记述一次逛街的经历。

◎谈谈预制菜。

◎记述一次坐火车的经历。

◎写一个有关公路旅行的故事。

◎写一个"玻璃人"的故事。

◎记述童年时的一次冒险。

◎写一个有关保镖的故事。

◎关于爱情的信念，你认为18岁、28岁、38岁、68岁的人分别会怎么说？

571.
572.
573.
574.
575.
576.
577.
578.
579.
580.
581.
582.
583.
584.
585.
586.
587.
588.
589.
590.
888.

▶在童话镇里，一个 6 岁儿童当了镇长，会发生什么？

▶谈谈你在跳蚤市场淘到的好物。

▶描述一种美好的人生。

▶除了生命，当前你最害怕失去什么？说说原因。

▶你手里有一枚硬币，说出它的 10 种用处。

▶聊聊过去一年令你印象最深刻的一件事。

▶你流落街头，没有钱，饥肠辘辘，请说出 10 种吃饱饭的方法。

586.
587.
588.
589.
590.
591.
592.
593.
594.
595.
596.
597.
598.
599.
600.
601.
602.
603.
604.
605.
888.

◇记述一次你差点儿被车撞到的经历。

◇谈谈你去动物园里看到的几种动物。

◇听听贝多芬的《欢乐颂》，记录当时的感受。

◇说说至今依旧令你感到快乐的一件事。

◇对你来说，做一件事，完成与完美哪个更重要？

◇你认为科学能够解决一切问题吗？

◇谈谈你百吃不厌的菜。

◇聊聊你的失眠经历。

586.
587.
588.
589.
590.
591.
592.
593.
594.
595.
596.
597.
598.
599.
600.
601.
602.
603.
604.
605.
888.

●描述 10 种用大米做的食物。

●说说你的小学语文
老师。

●回忆一次忘记带钥匙的经历。

●回忆一次忘记密码的经历。

● 在不使用"天气炎热"这个短语的前提下，描述天气炎热。

● 聊聊游戏。

● 假如你有一面魔镜，你会问它什么问题？

165

599.
600.
601.
602.
603.
604.
605.
606.
607.
608.
609.
610.
611.
612.
613.
614.
615.
616.
617.
618.
888.

☆一块口香糖粘在了你的头发上，你会有什么感觉？

☆谈谈去年的第一场雪。

☆想象一下外太空是什么样的。

☆说说你印象最深刻的熬夜经历。

☆聊聊当下青少年流行的运动。

☆写出几个你认为没有从父母那里遗传到的优点？

☆你认为自己的性格符合心理学图书所描述的特征吗？

⇨地震时，你认为最有用的几样东西是什么？

⇨你如何打发 20 分钟空闲时间？

⇨你认为自己与亿万富翁的差距在哪里？

➡如果你有能力给天空着色，你会选择什么色调？为什么？

➡如果动物会说话，你认为哪种动物最可怕？为什么？

➡用厨具形容你的性格。

◎你最想与哪个卡通人物交朋友？

◎你父母的哪些行为最让你尴尬？

◎为引起大家注意，你做过的最奇怪或者出格的事情是什么？

◎你有没有戏精朋友？

◎如果用动物代表你的家人，分别是哪些？

◎你做过最大胆的事是什么？

_____

_____

_____

◎你会选择哪位名人作为你的导师？说说理由。

_____

_____

▶你见过最奇怪的习惯是什么？

▶你认为机器人会接管世界吗？

▶如果未来一段时间只能吃一种食物，你会选择什么？为什么？

172

▶ 如果把变色龙放在一个变色的 LED 灯上，它会累死吗？

▶ 一个疯子把五个无辜的人绑在电车轨道上。一辆失控的电车朝他们驶来，并且片刻后就要辗轧他们。幸运的是，你可以拉一个拉杆，让电车开到另一条轨道上。但是还有一个问题，疯子在另一条轨道上也绑了一个人。考虑以上状况，你应该拉拉杆吗？说明理由。

618.
619.
620.
621.
622.
623.
624.
625.
626.
627.
628.
629.
630.
631.
632.
633.
634.
635.
636.
637.
888.

◇你认为羊会坠入爱河吗？

◇给未来的机器人制定 3 条规则。

◇你如何看待"食人族"？

◇你最想养哪个神话动物？为什么？

◇科学技术给你的生活带来了哪些变化？

◇一辈子没有思考过的人是什么样的？

636.
637.
638.
639.
640.
641.
642.
643.
644.
645.
646.
647.
648.
649.
650.
651.
652.
653.
654.
655.
888.

● 你想进入谁的梦中？为什么？

● 与古代人相比，现代人更自由吗？

● 如果向日葵会思考，它会想些什么呢？

●如果没有战争，世界会变得更美好吗？

●如果没有贫富差距，世界将会变成什么样子？

●假如你有分身，你希望他帮你做什么？

177

☆你认为发生的事情都可以用因果关系解释吗？

☆你帮助别人会让自己的人生变得有意义吗？

☆如果你的人生只有快乐而没有苦难，你觉得圆满吗？

☆你害怕被忽视吗？为什么？

☆别人的看法对你的影响有多大？

☆你最讨厌的流行语是什么？为什么？

⇨让你笑到哭的人是谁？

⇨聊聊你买过的最没用的东西。

⇨说说你饿肚子的经历。

⇨如果可以飞出太阳系，你最想去哪个星系？为什么？

▷坏苹果是什么味道？

▷人可以一生不说谎吗？为什么？

▷你认为对某个人了解得多一点好还是少一点好？

◎你如何向周围的人表达感激？

◎如果你是恐怖电影中在明处的角色，你如何保护自己？

◎你如何看待网红？如果有机会成为网红，你会怎么抉择？

◎你如何看待跨文化？

◎你梦想中的婚礼是什么样子的？

◎活着和真正活着的区别是什么？

◎如果你是月球管理者，你如何管理月球？

▶你害怕被人遗忘或忽视吗？
为什么？

▶说说关于你的最奇怪的谣言。

▶你会参加真人秀节目吗？为
什么？

▶被别人八卦时，你会怎么面对？

▶你从学生的视角如何看待"打工人"？

▶谈谈你最近收到的 10 条短信。

◇讲述一个你听过的最悲伤的故事。

◇"陌上人如玉，公子世无双。"你认为谁最符合这句评价？
为什么？

◇你想成为什么样的人？

◇怎么让色盲知道自己和别人所看到的颜色不一样？怎么证明自己不是色盲？

◇动物应该被关在动物园里饲养吗？

◇描述秋天飘落的第一片叶子。

669.
670.
671.
672.
673.
674.
675.
676.
677.
678.
679.
680.
681.
682.
683.
684.
685.
686.
687.
688.
888.

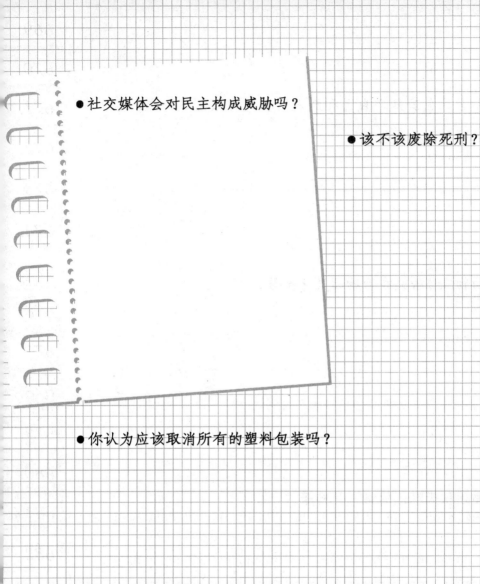

●社交媒体会对民主构成威胁吗？

●该不该废除死刑？

●你认为应该取消所有的塑料包装吗？

●你认为学校应该开设性教育课吗？

● 你认为使用动物进行科学研究合乎道德吗？

● 聊聊安乐死。

● 谈谈你认为的"酷"文化。

☆你怎么理解"太阳照常升起"？

☆对亿万富翁是否应该以比普通公民更高的税率征税？

☆电动车是否比燃油车对环境的污染更小？

☆现实是一种主观体验，你同意吗？

☆意识之外没有任何东西，你同意吗？

☆时间是客观的还是主观的？

☆不存在随机性，你认为对吗？

680.
681.
682.
683.
684.
685.
686.
687.
688.
689.
690.
691.
692.
693.
694.
695.
696.
697.
698.
699.
888.

⇨你怎么理解"我思故我在"？

⇨客观真理存在吗？

⇨有一天，小猫对你说："主人，我要离开你了。"以此为线索写一篇童话。

⇨弗吉尼亚·伍尔芙说："我有根，但我流动。"你如何理解这句话？

➪维特根斯坦说："语言的界限就是世界的界限。"语言能否精确表达人的想法？

➪你认为人的一生应该像一部演给别人看的、长达几十年的肥皂剧，还是忠于自己而成为他人欣赏的那一抹流彩？

➪想象一下，你的肉体与"你"分离会是什么样的，请以此为线索写一个故事。

◎动物有道德感吗？

◎介绍一下你最喜欢的运动员。

◎你觉得自己的工作有什么价值？

◎你认为人性本善还是本恶？

◎你认为媒介的形式怎么影响内容的传播？

_____

_____

_____

◎你认为个人信息数据值多少钱？

_____

_____

_____

195

▶一个一辈子没有与他人建立深厚联系的人会是什么样的？以此为线索试着写一篇小说。

▶你最喜欢的作家是谁？谈谈其代表作。

▶如果把你的记忆剪切再粘贴给另一个没有记忆的人，那他能成为你吗？你还是你吗？以此为线索试着写一篇小说。

▶如果有一天你被克隆了，你能与克隆体和平相处吗？以此为线索试着写一篇小说。

▶一些科幻文学作品曾描写过"缸中大脑"：人们将活着的大脑保存在有营养液的缸中，然后通过科技手段给它输送视觉、听觉、嗅觉等各种感觉的电信号，以"欺骗"它，使它误认为自己还有活着的肉体。那么，如何证明你不是"缸中大脑"？以此为线索写一篇小说。

◇如果你是素食主义者，你如何面对那些即将被杀的动物？

◇你的哪些想法是父母不能接受的？为什么？

◇你愿意做一个痛苦的哲学家还是一只快乐的宠物？

◇人类应该对大自然的未来负责吗？

◇在现实社会中，你与他人签订了哪些契约？

◇你如何看待个人与集体的关系？

714.
715.
716.
717.
718.
719.
720.
721.
722.
723.
724.
725.
726.
727.
730.
731.
732.
733.
734.
735.
888.

● 贝克莱说："愚昧之人总以为物以稀为贵。殊不知，上帝总是把最有用的东西造得极为普通。"你如何理解这句话？

● 尼采说："每一个不曾起舞的日子，都是对生命的辜负。"你怎么看待那些"不曾起舞的日子"？

● 你认为知识与信息的区别是什么？

● 谈谈一件发生在你身上有关记忆与气味的事情。

● 你认为人生是爬斜线一样的坡，还是登折线一样的台阶？

● 天才的内心是孤独的。你认同吗？

715.

716.

717.

718.

719.

720.

721.

722.

723.

724.

725.

726.

727.

728.

729.

730.

731.

732.

733.

734.

888.

☆存在与虚无的边界
在哪里？

☆爱是自私的。你认同吗？

☆如果你周围的物品
会说话，并且只有你
听得到，你觉得它们
会说什么？

☆时间的本质与意义是什么？

☆你如何看待娱乐至死的时代？

☆你如何看待所谓的学历贬值？

☆你如何看待城市出"剩女"、农村出"剩男"的社会现象？

715.
716.
717.
718.
719.
720.
721.
722.
723.
724.
725.
726.
727.
728.
729.
730.
731.
732.
733.
734.
888.

⇨你认可"宁可高质量地单身，也不愿意低质量地结婚"吗？

⇨你怎么看"猫狗当宝贝，父母当累赘"的社会现象？

⇨你会真诚地祝福你的亲人和朋友吗？

⇨你怎么看待那些成天抱怨生活不好却又不愿意提升自己以改变生活品质的人？

⇨你的生活方式是什么样的？你认为还有可改进的空间吗？

⇨你喜欢所在城市的居民建筑吗？你是否认为高层楼房已经压缩了自己的生存空间？

732.
733.
734.
735.
736.
737.
738.
739.
740.
741.
742.
743.
744.
745.
746.
747.
748.
749.
750.
751.
888.

◎你觉得自己老了吗？

◎聊聊走神。

◎你最想要的第二次机会是什么？

◎谈谈那些你喜欢做的小事。

◎你如何表达你的情绪——愤怒、悲伤或者快乐?

◎《肖申克的救赎》里面有段台词:"你知道,有些鸟儿是注定关不住的,因为它们的羽毛太过耀眼。"你怎么理解?

_____

_____

_____

_____

_____

732.
733.
734.
735.
736.
737.
738.
739.
740.
741.
742.
743.
744.
745.
746.
747.
748.
749.
750.
751.
888.

▶为了工作而生活与为了生活而工作，你更倾向于哪个？

▶谈谈你对成功的理解。

▶做小池塘里最大的鱼和做大池塘里最小的鱼，你会选择哪种？为什么？

▶为什么我们能接受不好的事发生在别人身上，却很难接受发生在自己身上？

▶你如何看待"快乐有价"？

▶如果能用金钱购买时间，你会用买来的时间做什么？

◇你认为恋爱与婚姻对情感的要求是一样的吗？

◇谈谈你深信不疑的至理名言。

◇你如何看待被贴标签？

◇观看电影《海上钢琴师》，然后谈谈你对电影人物 1900 的理解。

_____

_____

_____

◇你认为什么是完美的快乐？

_____

_____

_____

◇你认为什么样的生活是最奢侈的？

_____

_____

_____

_____

_____

749.
750.
751.
752.
753.
754.
755.
756.
757.
758.
759.
760.
761.
762.
763.
764.
765.
766.
767.
768.
888.

● 你最喜欢男性身上的什么品质？

● 你为什么而努力？

● 如果你有瞬移的本领，你最想做什么？

●你愿意朋友们坦诚地说出他们对你的真实评价吗？

●你最喜欢女性身上的什么品质？

●说一件改变家庭的事。

☆写一本火星手册。

☆如果你最喜欢的物品有了生命，你觉得会发生什么？

☆聊聊你关系最好的异性朋友（不是恋人关系）。

☆如果谋杀一个无辜者可以解除某种世界性的危机，你会那样做吗？

☆如果你的未婚夫发生车祸，导致半身不遂，你会选择与他结婚还是离他而去？

⇨你会夸大自己的某些事迹吗？

⇨说说你独自看电影的经历。

⇨谈一次你哭的经历。

⇨如果电视上出现死刑转播的场面，你会看吗？为什么？

⇨你一天要照几次镜子？

⇨电影《燃情岁月》中有一句台词："一个人如果完全按照自己的内心而活，要么成为疯子，要么成为传奇。"你如何理解这句话？

◎你觉得 10 年后遥远吗？

◎每个人光睡觉就花去了人生三分之一的时间，如果科学家发明一种药丸，服用一粒后便可以一生不用睡觉，你愿意服用吗？为什么？

◎你会如何与宠物告别？

◎如果你是红绿色盲，当收到红色或绿色的礼物时，你会怎么办？

◎聊聊那些你无法理解的事情或人。

_____

_____

_____

◎谈谈土地给你的感受。

_____

_____

_____

▶如果你一生都在追寻理想，却最终没有实现，你会觉得遗憾吗？

▶你认为年轻人是什么样子的？

▶聊聊与某件物品相见恨晚的购买经历。

▶给好友推介一款好用的生活用品。

▶此刻，你最思念谁？

▶你如何理解"你占有的东西最终会占有你"？

767.
768.
769.
770.
771.
772.
773.
774.
775.
776.
777.
778.
779.
780.
781.
782.
783.
784.
785.
786.
888.

◇谈谈最令你震惊的刑事案件。

◇哪些话是你当时不懂但后来顿悟的？

◇谈谈你对仪式感的看法。

◇你如何看待平庸？

◇假如你是先知，请预言 3 个 22 世纪人类的生活图景。

◇你是否同意"艺术高于生活"的说法？为什么？

◇你在人际交往中吃过哪些亏？

784.
785.
786.
787.
789.
790.
791.
792.
793.
794.
795.
796.
797.
798.
799.
800.
801.
802.
803.
804.
888.

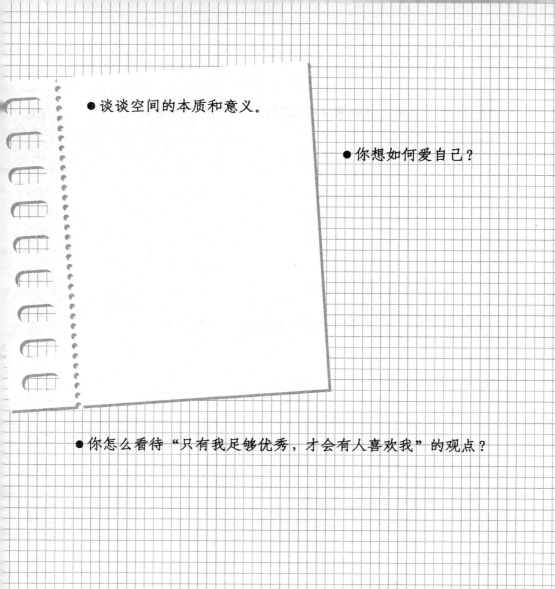

● 谈谈空间的本质和意义。

● 你想如何爱自己？

● 你怎么看待"只有我足够优秀，才会有人喜欢我"的观点？

● 分享一个你拿手的拍照技巧。

●分享一些生活中你看人的小心得。

●生活中哪些东西名声在外却不实用？

●说说你认为比一个人吃火锅更寂寞的事情。

☆谈谈你的孤独物语。

☆如果我来到你的城市，你计划带我去哪些地方游览？

☆说说生活中那些惬意时光。

☆聊聊你身边那些稀有的姓氏。

☆你可以控制时间，比如让时间停止流动，周围人都静止不动，除了你自己；让时间缩短，本来需要很长时间的事情能在很短的时间内完成；让时间延长，延长你想延长的时间段……但使用的总时间不变，你会拥有真实的身体感受和心理感受。请以此为线索写一个故事。

⇨谈谈那些你认为大众群体的愚蠢时刻。

⇨你喜欢哪种类型的网络小说？举例说明。

⇨分享几首被你收藏在歌单里面的歌曲，并说明理由。

⇨你认为聪明有什么坏处？

⇨你认为"走老路"好还是"走新路"好？

⇨谈谈青春里那些残酷的事。

⇨分享一条获得点赞最多的朋友圈内容。

⇨你赞成女孩穷养还是富养？你认为区别在哪里？

◎你认为真正有文化的人是什么样的？

◎你认为一个人会因为什么变颓废？

◎人可以没有目的地生活吗？

◎说出一句你还不能理解的话。

◎你希望被后人记住什么？

◎你想改变自己还是想改变世界？

_____

_____

_____

_____

◎如果把你的业余爱好变成正式职业，你会不会失去激情？

_____

_____

_____

805.
806.
807.
808
809.
810.
811.
812.
813.
814.
815.
816.
817.
818.
819.
820.
821.
822.
823.
824.
888.

▶你愿意生活在只有夏天而没有冬天的世界里吗？

▶分享一首你曾经循环播放的歌。

▶据统计，热带地区历史上出现的哲学家要比其他地区少。你认为空调普及会改变这一现象吗？

▶谈谈你尝试过的搭配很奇怪但味道很好的食物。

▶你会尝试非主流发型吗？

▶你认为文化和社会期望如何影响我们对爱的理解？

▶聊聊至今为止你认为最有趣的恶作剧。

◇如果你能从生活中抹去一种情绪，它会是什么？为什么？

◇你认为人死后会发生什么？

◇你如何看待贫穷和富有？

◇许一个明年你能完成的心愿。

◇查看你的百度搜索记录，记述当时搜索的情况。

_____

_____

_____

_____

◇你有多年前扔出去的回旋镖飞回来击中自己的事情吗？

_____

_____

_____

_____

◇是什么让你与众不同？

◇你宁愿看起来像鱼还是闻起来像鱼？

819.
820.
821.
822.
823.
824.
825.
826.
827.
828.
829.
830.
831.
832.
833.
834.
835.
836.
837.
838.
888.

● 如果你能与动物说话，会怎

么样？写一个故事。

● 你怎么判断信息真假？

● 如果植物有意识，会怎么样？

● 写一本人生说明书。

●塞内卡说："生命如同寓言，其价值不在长短，而在内容。"谈谈你对这句话的理解。

●你是拖延症患者吗？说说你因为拖延而耽误的事情。

●如何体面地向世界妥协？

☆谈谈你曾经怀疑过
的大道理。

☆你做过 MBTI、Gallup、DISC
测试吗？从中你认识到自己
有什么特质？

☆你不能理解的生活
方式有哪些？

☆聊聊那些你未审视过的观点。

☆说说那些让你"吃一堑长一智"的生活经验。

☆你如何理解"欲戴王冠必承其重"与"我的剑只留给能挥舞它的人"？

☆谈谈你对生命力的理解。

833.

834.

835.

836.

837.

838.

839.

840.

841.

842.

843.

844.

845.

846.

847.

848.

849.

850.

851.

852.

888.

⇨你认为世界上什么东西保质期最长？

⇨从出生到现在，你失去了什么，又得到了什么？

⇨你认为失去自我将会有什么后果？

⇨你如何看待缺陷？

▷你觉得如何才能叫醒酣睡或装睡的人？

▷聊聊你的理财心得。

▷你放过风筝吗？谈谈具体过程。

▷谈谈你关注过的社会边缘群体。

◎你认为自己有哪些病态行为？

◎你如何看待"平淡如水"的关系？

◎你参加过公益活动吗？你认为公益活动对于世界变好起到了多大的作用？

◎策划一档综艺节目。

◎如果未来科学能突破生殖隔离，你同意这项技术合法化吗？

◎很多人养狗，它们真的开心吗？你怎么看？

◎一觉醒来，你发现世界上所有人都长得一模一样。以此为线索，写一个故事。

_____

_____

_____

_____

_____

243

846.
847.
848.
849.
850.
851.
852.
853.
854.
855.
856.
857.
858.
859.
860.
861.
862.
863.
864.
865.
888.

▶聊聊你见过的那些一开始正常，但后来逐渐往不可思议的方向发展的事情。

▶假如苏轼穿越到现代，会发生什么事情？写一个故事。

▶如果有一天狗统治了地球，会怎么样？写一个故事。

▶如果把古代的所有皇帝都拉到同一个微信群里，他们会聊些什么？

▶用200字左右写一则有深意的寓言。

▶如果地球上的动物联合起来向人类开战，会怎么样？写一个故事。

245

860.
861.
862.
863.
864.
865.
866.
867.
868.
869.
870.
871.
872.
873.
874.
875.
876.
877.
878.
879.
888.

◇如果人的一生像蜉蝣，从出生到死亡仅有 24 小时，会是什么样的？写一个故事。

◇你是地球上最后一个人……请以此为线索写一个故事。

◇如果世界上所有女性或男性在一瞬间消失，会怎么样？写一个故事。

◇如果地球上没有了声音，会怎么样？写一个故事。

◇如果人类彻底被算法操控，会怎么样？写一个故事。

◇如果你生活在一座飘浮的城市，会怎么样？写一个故事。

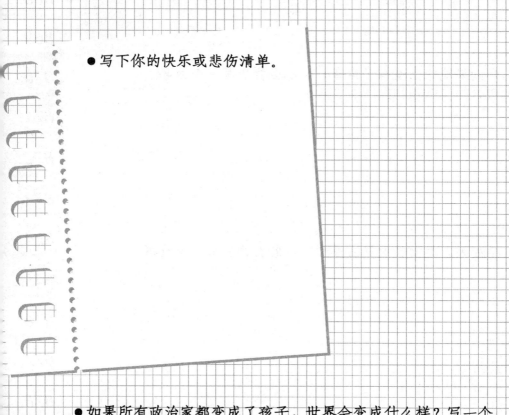

● 写下你的快乐或悲伤清单。

● 如果所有政治家都变成了孩子，世界会变成什么样？写一个故事。

● 如果你是机器人，描述你一天的生活。

● 科学家发明了一台能够生成人类想要的所有体验的机器，你会使用吗？写一个故事。

● 如果没有了疼痛感，你会怎么样？写一个故事。

● 聊聊反派角色。

☆谈谈你与外国人交流的经历。

☆分享你的时尚经。

☆说说今天最令你感动的一件事。

☆你相信世界上有巨人吗？你如何看待巨人？写一个奇幻故事。

☆说出你最喜欢的一个汉字。假如它是跟你一样的人，你认为它会有什么样的身份，性格又如何呢？

☆描述一滴水的世界。

☆如果你获得了诺贝尔文学奖，你会在颁奖典礼上说什么？